### 글_ 김은중
'작은 어린이 도서관'과 '동화 읽는 어른 모임'에서 자원 활동하며 어린이 독서 문화 운동에 참여해 왔습니다. 제1회 김만중 문학상 동화 부문 최우수상을 받으며 등단했으며 푸른책들 푸른 문학상 '새로운 작가상'을 수상하고 한국문화예술위원회 아르코 창작 지원금을 받았습니다. 지은 책으로는 《특명! 이어도를 지켜라》, 《책 읽어 주는 아이, 책비》, 《좋은 말로 할 수 있잖아!》 등이 있습니다.

### 그림_ 플러그
플러그는 아이들을 위한 동화책, 어학 교재 등 각종 디지털 교육 콘텐츠에 들어가는 일러스트, 삽화, 캐릭터, 학습 만화 등을 제작하는 회사입니다. 여러 노하우를 기반으로 최근에는 웹툰, 카툰 등의 자체 콘텐츠를 기획 및 제작하고 있습니다.

### 감수_ 고시환
누구보다 환자를 최우선으로, 정성껏 돌보는 의사입니다. 순천향대학교 의과대학을 졸업한 뒤 삼성의료원 소아내분비 전임의, 단국대학교 의과대학 교수로 근무하다 현재 대치동에서 '고시환클리닉'을 운영하며 청소년의 성장과 영양의 중요성을 중심으로 한 진료를 하고 있습니다. 지은 책으로는 《대치동 엄마들의 수험생 건강 프로젝트》, 《내 아이 10센티 더 키우는 법》, 《우리 아이가 너무 빨리 자라요》 등이 있습니다.

ⓒ 김은중, 2015

**1판 1쇄 발행** 2015년 6월 15일 | **1판 3쇄 발행** 2020년 1월 10일

**글** 김은중 | **그림** 플러그 | **감수** 고시환
**펴낸이** 권준구 | **펴낸곳** (주)지학사
**본부장** 황홍규 | **편집장** 박미영 | **팀장** 김은영 | **편집** 김솔지 문지연 | **디자인** 이혜리
**제작** 김현정 이진형 강석준 방연주 | **마케팅** 송성만 손정빈 윤술옥 이예현
**등록** 2010년 1월 29일(제313-2010-24호) | **주소** 서울시 마포구 신촌로6길 5
**전화** 02.330.5297 | **팩스** 02.3141.4488 | **이메일** arbolbooks@naver.com
**ISBN** 979-11-85786-41-4 74810
**ISBN** 979-11-85786-39-1 74810(세트)
잘못된 책은 구입하신 곳에서 바꿔 드립니다.

이 도서의 국립중앙도서관 출판예정도서목록(CIP)은 서지정보유통지원시스템 홈페이지(http://seoji.nl.go.kr)와 국가자료종합목록 구축시스템(http://kolis-net.nl.go.kr)에서 이용하실 수 있습니다.(CIP제어번호: CIP2015014913)

 아르볼은 '나무'를 뜻하는 스페인어. 어린이들의 마음에 담긴 씨앗을 알찬 열매로 맺게 하는 나무가 되겠습니다.
**홈페이지** www.jihak.co.kr/arb/book | **포스트** post.naver.com/arbolbooks

 **제조국** 대한민국  **사용연령** 6세 이상
KC마크는 이 제품이 공통안전기준에 적합하였음을 의미합니다.

고루고루 골고루
# 편식 탈출!

글 김은중  그림 플러그  감수 고시환

● 지학사아르볼

추천의 말

## 아이의 편식, 부모의 관심과 노력이 필요합니다!

아이들의 편식을 이해하는 시작은 당장의 아이 모습이 아닙니다. 아이의 편식은 많은 부분 부모님의 책임이 큽니다.

아이가 싫어하는 것을 힘들게 먹이려고 하기보다 '이번만은' 하는 편한 마음으로 대하다 보니 아이에게 편식이란 식습관이 생긴 건 아닐까요?

하지만 아이들의 편식은 단순히 지나칠 문제는 아닙니다. '세 살 버릇 여든까지 간다'는 말처럼, 사람의 식습관도 많은 부분들이 어린 시절에 만들어지기에 아이들에겐 무엇보다도 바른 식습관이 중요합니다. 시간이 지날수록 아이들의 편식 교정은 더 어려워지기 때문이지요.

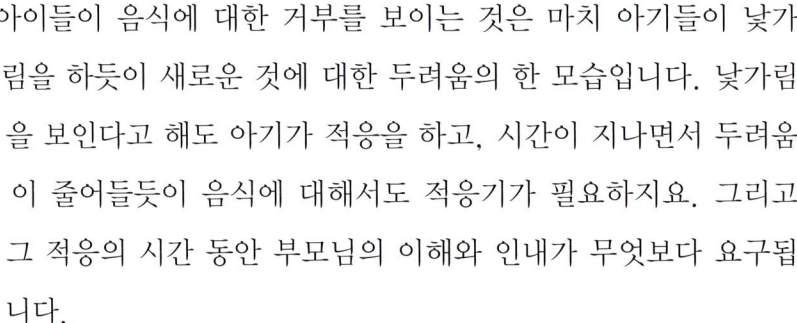

아이들이 음식에 대한 거부를 보이는 것은 마치 아기들이 낯가림을 하듯이 새로운 것에 대한 두려움의 한 모습입니다. 낯가림을 보인다고 해도 아기가 적응을 하고, 시간이 지나면서 두려움이 줄어들듯이 음식에 대해서도 적응기가 필요하지요. 그리고 그 적응의 시간 동안 부모님의 이해와 인내가 무엇보다 요구됩니다.

당장의 힘듦은 시간이 지나면 지날수록 더 큰 힘듦이 될 것이고, 무엇보다 아이의 성장과 학습에도 영향을 줄 수 있기에 아이의 식습관에 꾸준한 관심과 노력을 기울여 주세요. 편식 교정에서 가장 중요한 것은 아이와 함께하는 가족의 모습이니까요.

 아이에게 잔소리를 하기보다는, 공감대를 형성할 수 있는 이야기를 보여 주며 아이 스스로 문제점을 깨닫게 하는 것도 좋은 교육 방법일 것입니다.

 아르볼에서 나온 일 년 내내 튼튼하게 건강 동화 시리즈 1권 《고루고루 골고루 얍! 편식 탈출》은 편식 투정을 하는 엄지의 이야기를 통해 균형 잡힌 영양의 중요성을 알려 주는 동화입니다. 공감을 불러일으키는 재미난 동화와 아이의 눈높이에 맞춘 정보글로 구성되어 있어서, 부모와 아이가 함께 읽으며 올바른 식습관을 가지는 데 좋은 지침서가 되어 줄 것입니다.

– 고시환소아청소년과 대표 원장 고시환

**작가의 말**

### 우리의 소중한 보물 '건강'을 지켜요!

우리는 누구나 소중한 보물을 가지고 있어요.

그건 바로 '건강'이랍니다. 건강할 때는 건강이 얼마나 소중한 줄 잘 몰라요. 그러다가 몸이 아프면 그제야 건강이 소중하단 걸 깨닫지요. 그러나 한번 잃은 건강을 되찾기는 쉽지 않답니다.

'소 잃고 외양간 고친다!'라는 속담이 있어요. 일이 잘못되고 나서 후회해 봐야 소용없다는 말이지요. 우리는 건강을 잃고 나서 후회하기보다 건강의 소중함을 미리 알고 지키도록 해요.

그렇다면 어떻게 해야 우리의 건강을 지킬 수 있을까요? 건강은 소중한 보물이니까 경찰이나 군인이 지켜야겠지요.

경찰이나 군인이 어디 있느냐고요?

바로 우리 자신이 경찰이나 군인이에요. 우리 스스로 건강 지킴이가 되어야 하지요. 건강 지킴이가 되려면 꼭 해야 할 행동들이 있어요.

그중에 하나가 바로 '잘 먹기'랍니다.

부끄럽지만 어린 시절 나는 음식 가려 먹기 대장이었어요.

"콩 싫어, 안 먹을 거야!"

툭하면 밥에 섞여 있는 콩을 골라내며 투덜댔지요. 콩뿐만이 아니었어요. 맛있는 것만 먹고 맛없는 음식은 절대 먹지 않았지요. 이렇게 자기 입맛에 맞는 것만 먹는 걸

'편식'이라고 해요. 편식을 하니까 몸이 마르고 기운이 없었어요.

친구들은 '헐랭이'라며 나를 놀렸어요. 헐랭이라는 말은 뭔가 똑바르지 못한 사람을 뜻해요. 기운이 없으니까 자신감도 없고 잘 놀지도 못해서 점점 외톨이가 되었지요.

어렸을 때 잘 먹고 건강을 지켰으면 좋았을 텐데 하는 후회가 들어요. 여러분은 나처럼 나중에 후회하는 일이 없으면 좋겠어요.

음식을 골고루 먹기 힘들다고요? 맛이 없다고요?

맞아요, 그럴 수 있어요. 그래도 우리 꾹 참고 이겨 내 봐요. '편식'은 건강의 나쁜 적이니까요. 우리가 편식을 하면 나쁜 적에게 우리의 건강을 내주는 것과 똑같답니다.

음식에는 여러 가지 영양소가 들어 있어요. 영양소들이 우리 몸에 들어와 에너지를 만들어 주지요. 음식을 골고루 먹지 않으면 기운이 없어서 소중한 보물을 빼앗길지도 몰라요.

으랏차차! 기운을 내요, 건강 지킴이!

맛없는 것도 용기를 내어 먹어 보는 거예요. 그러다 보면 점차 먹기 쉬워지고, 음식의 참맛도 느끼게 된답니다.

우리의 소중한 보물을 지키기 위해서 모두 함께 든든한 건강 지킴이가 되어요.

– 소중한 보물 지킴이, 작가 김은중

안녕, 난 2학년 2반 손엄지야.
나는 안 먹는 음식이 많아. 왜 싫어하는 것도 먹어야 해?
나는 내가 좋아하는 음식만 먹을 거야!
그런데 요즘은 점점 기운이 없고 어지러워. 똥을 못 눈 지도 벌써 3일째야.
병원에 갔더니 글쎄 음식을 골고루 먹으라지 뭐야? 도대체 왜 그래야 하는데?

우리 집에서는 날마다 '밥 먹기 전쟁'이 일어나.
"밥 안 먹어!"
"그러지 말고, 어서 먹어 봐."
엄마가 억지로 먹이려고 해서
나는 입을 꾹 다물고
고개를 흔들었어.
"어휴, 빛나는 아무거나
잘 먹던데, 너는 도대체 왜 그러니?"
엄마가 옆집 빛나랑 나를
비교하니까 밥이 더 먹기
싫어지는 거 있지!

"맛없는 건 절대로 안 먹어!"
나는 팔과 발을 버둥대며 떼를 썼어.
채소랑 콩이랑 생선은 정말 맛이 없거든.
"알았어, 그럼 네 마음대로 해!"
엄마는 두 팔을 들고 항복을 했지.
야호, 오늘도 밥 먹기 전쟁은 나의 승리야!
흐흐흐, 나는 맛있는 초콜릿 과자와
딸기우유를 먹었어.
배가 사르르 아팠지만 그래도 괜찮아.

"우아, 달콤해!"
날마다 사탕을 배불리 먹으면 얼마나 좋을까?
사탕을 쪽쪽 빨며 학교에 가는데
우리 반에서 가장 더러운 꼬질이 태평이가 말을 걸었어.
"엄지야, 사탕 맛있어?"
"꼬실이 대마왕 줄 사탕 없거든!"
나는 태평이에게 큰 소리로 짜증을 냈어.
사탕을 달라고 한 것도 아닌데 왜 그랬을까?
몰라 몰라, 그냥 자꾸자꾸 짜증이 나는걸.

받아쓰기도 짜증,
수학 문제 풀이도 짜증,
수업 시간은 재미없고
발표하기도 싫어.
가장 짜증이 나는 건 급식이야.
"웩!"

맛없는 음식만 급식으로 주는 영양사 선생님은 심술 마녀가 틀림없어.
나는 식판을 짝꿍에게 밀어 줬어.
"엄지야, 고마워!"
무엇이든 와구와구 먹는 짝꿍 빛나가 선생님 몰래 내 급식을 모두 먹어 치웠지.

급식으로 과자나 피자, 햄버거를 주면
학교가 100배는 더 좋아질 거야.
급식 반찬을 몰래 휴지에 싸서 버리지도,
입에 넣고 화장실에 가서 뱉지도 않을 거라고.
화장실 생각을 하자 배가 또 살살 아파.
쉿! 이건 비밀인데, 요즘 똥이 마려워서 화장실에 가면
똥꼬만 아프고 똥은 안 나와.
이러다 배가 '뻥' 터져 버리는 건 아니겠지?

어? 그런데 갑자기 머리가 어지럽지 뭐야.
"엄지야, 어디 아프니?"
우리 반 담임인 고민델라 선생님이 걱정스럽게 물었어.
선생님은 낮에는 고릴라처럼 우락부락하지만
밤 12시가 되면 멋진 왕자로 변한다는 소문이 있어.
물론 믿을 순 없지만…….
어쨌든 우리는 선생님을 '고민국'이란 이름 대신 고민델라라고 불러.
고민델라 선생님은 무섭게 생겼지만 정말 친절해.
"배도 아프고 어지럽고……."
말하는 순간 갑자기 교실이 빙글빙글 돌면서 눈앞이 하얘졌어.

눈을 떠 보니 온통 하얀 세상이야.
'여기는 천국? 어떡해, 나 죽었나 봐!'
그런데 찬찬히 살펴보니 천국이 아니라 보건실이었어.
하얀 칸막이 너머에서 보건 선생님과
고민델라 선생님의 말소리가 들렸지.
"엄지 어머니 말씀 듣고, 증상을 보니
편식으로 인한 영양 결핍 같아요."
"큰일 나기 전에 무슨 방법을 세워야겠군요."
그러더니 선생님들은 무슨 비밀 작전을 짜는지
속닥거리더라고.
뭘까? 궁금해서 귀를 쫑긋 세웠지만 잘 들리지 않았어.

집에 돌아왔는데 킁킁, 엄마에게서 수상한 냄새가 났어.

저녁 먹는데 화도 안 내고 잔소리도 안 하지 뭐야.

"엄마, 선생님들이랑 무슨 작전 짰지?"

"자, 작전은 무슨?"

엄마는 말을 더듬으며 딴전을 피웠어.

혹시 억지로 맛없는 걸 먹게 하는 건 아니겠지?

두고 봐. 절대 작전에 넘어가지 않을 거야!

어른들은 정말 이상해.

맛있는 걸 주면 되는데, 왜 자꾸 맛없는 걸 억지로 먹으라고만 할까?

내가 이럴 줄 알았어!
아침 식탁에는 내가 싫어하는 반찬들만 잔뜩 있었어.
그런데 이상한 건 아빠와 엄마가 함께 밥을 먹는다는 거야.
늘 아빠, 엄마는 먼저 먹고 아침은 나 혼자 먹었거든.
"된장찌개, 정말 맛있네, 허허허!"
"시금치무침도 얼마나 맛있다고요. 오호호!"
아니, 이럴 수가!
아빠랑 엄마가 맛있게 먹는 모습을 보니
나도 모르게 군침이 돌지 뭐야.

나는 어른들 작전에 지지 않으려고
큰 소리로 말했어.
"흥, 난 밥 안 먹어!"
밥 대신 다른 걸 먹으면 되니까 걱정 없었지.
그런데 먹보 외계인이 와서
모조리 가져간 것처럼 식탁에 다른 먹을 게
하나도 없는 거야.
그때 배 속에서 '꼬르륵꼬르륵' 소리가 났어.
부모님이 억지로 먹으라고 하지 않으니까
'나도 먹어 볼까?'
하는 생각이 꿈틀거리지 뭐야.
이게 어떻게 된 일이지?
안 돼! 작전에 넘어가지 않을 거야.

학교에서도 수상한 작전이 펼쳐졌어.
수업 시간에 고민델라 선생님이 커다란
채소를 잔뜩 가지고 들어온 거야.
"쳇, 채소는 절대 안 먹어!"
나는 팔짱을 끼고 입을 꾹 다물었어.
그런데 고민델라 선생님이 뭐라고 말했게?
"오늘은 채소로 맛있는 요리를 만들어 볼 거예요!"
채소 요리 만들기라니, 도대체 무슨 작전인 걸까?

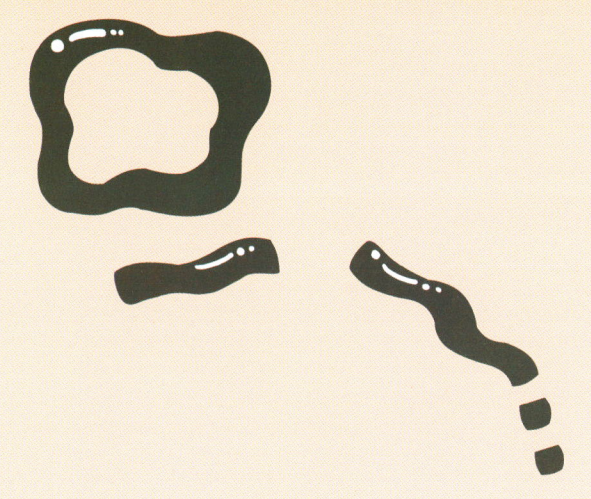

조리 실습실에 들어가니
심술 마녀 영양사 선생님이 우리를 반겼어.
"오늘은 채소로 영양 만점
무지개 주먹밥을 만들 거예요."
아이들은 신이 나서 떠들었어.
"우아, 무지개 만드는 거야? 재밌겠다."
"우히히, 무지개 맛있겠다."
흥, 이게 다 우리에게 맛없는 채소 음식을
먹이려는 작전인데 애들은 그것도 몰라.

싹둑싹둑, 나는 안전 칼로 조심스럽게 채소를 잘랐어.
"엄지 공주 잘하네! 꼬마 요리사 같은걸!"
영양사 선생님이 칭찬을 해 주니까 기분이 으쓱해졌어.
내가 채소를 이렇게 잘 자르는 줄은 나도 몰랐어.
왜냐하면 엄마가 위험하다고 부엌에 오지 못하게 했거든.
당근도 브로콜리도 파프리카도 시금치도
싹둑싹둑 자르니까 싫지 않았어.
'나는야 꼬마 요리사, 이야이야호!'
콧노래까지 나오더라고.

잘 양념된 밥으로
동글동글 주먹밥을 만들었어.
"대왕 주먹밥이 나가신다!"
"나는 공룡 주먹밥이닷!"
친구들은 주먹밥을 만드느라 신이 났어.
주먹밥을 만든 다음에는 주먹밥에 색색의 다진 채소와
견과류 그리고 멸치를 묻혀 주었지.
나는 친구들 주먹밥과는 다른 손엄지만의
특별한 주먹밥을 만들고 싶었어.
'어떤 게 좋을까?'

# 무지개 주먹밥

1. 당근, 오이 등의 채소를 잘게 썰어 주세요.
2. 새우와 소고기를 프라이팬에 볶아요.
3. 볶은 새우와 소고기를 밥과 버무려 주세요.
4. 버무린 밥을 동글동글 뭉쳐서 주먹밥을 만들어요.
5. 뭉친 주먹밥을 잘게 다진 당근과 오이, 김, 멸치, 견과류 등에 묻혀 주면 알록달록 무지개 주먹밥 완성!

오물 오물

드디어, 무지개 주먹밥이 완성되었어.
알록달록 무지개 주먹밥은 정말 예뻤어.
보기만 해도 군침이 꿀꺽 넘어갈 정도로 말이야.
"얘들아, 엄지 공주가 만든 무지개 하트 주먹밥 맛있어 보이지 않니?"
고민델라 선생님이 칭찬을 해 주었어.
"우아! 진짜 예쁘다."
"냠냠냠, 나 하나만 주라!"
아이들이 우르르 몰려들어서 군침을 흘렸어.
"엄지야, 너 채소 싫어하니까 내가 다 먹을게."
빛나가 눈 깜짝할 사이에
내 무지개 하트 주먹밥을 먹어 버렸어.

"아니거든, 나 채소 먹을 거거든!"
나는 무지개 하트 주먹밥을 날름 먹었어.
아침도 먹지 않아서 얼마나 배가 고팠는지
김치까지도 덥석 먹어 버렸지 뭐야.
심술 마녀가 '고루고루 골고루' 하고 마법 주문이라도 건 걸까?
신기하게 모든 음식이 정말 맛있었어.
내가 싫어하는 당근주스도 말이야.
앗! 그런데 갑자기 배가 살살 아파 왔어.
설마, 또 기절하는 건 아니겠지?

세상에!
드디어 토끼 똥이 아닌 부드러운 똥을 쌌어!
똥을 잘 누고 나니까 기분이 정말 좋았지.
배부르게 잘 먹어서 짜증도 싹 사라지고
기운이 생기는 것 같지 뭐야.
'채소가 몸에 정말 좋은 걸까?'
'골고루 먹으니까 힘이 나는 걸까?'
나는 고개를 갸웃거렸어.
정말 그런 걸까?
엄마가 말할 때는 잔소리 같아서 듣기 싫었는데,
영양사 선생님에게 한번 물어봐야겠어.

 # 편식은 그만! 올바른 식습관의 모든 것

밥보다 과자를, 채소보다 피자를 좋아하는 엄지가 꼭 내 모습 같다고요? 나의 식습관이 어떤지 생각해 보고, 올바른 식습관에 대해 공부해 보아요.

### 궁금해요! 알려 주세요! Q&A

 **채소를 먹으면 똥을 잘 눌 수 있나요?**

채소에는 섬유소가 많이 들어 있어요. 섬유소는 식물에 들어 있는 물질로, 위에서 소화되지 않고 밖으로 나오지요. 이때 섬유소는 장에 남아 있는 찌꺼기를 함께 쓸어내리는 역할을 해요. 그렇기 때문에 채소를 먹으면 변비 예방에 좋은 거랍니다.

 **음식을 골고루 먹으면 힘이 생긴다고 하셨어요. 정말인가요?**

그럼요. 나무나 꽃이 예쁘게 피려면 충분한 물, 쨍쨍한 햇볕, 기름진 땅이 필요해요. 우리 몸도 마찬가지로 건강하고, 키도 크고, 힘도 강해지려면 좋은 음식을 골고루 먹고, 물도 많이 마셔야 한답니다.

 **햄버거나 피자, 치킨은 정말 몸에 안 좋나요?**

칼로리가 높지만 영양가가 낮은 햄버거, 피자와 같은 음식을 정크 푸드(Junk food)라고 해요. 어린이들이 좋아하는 과자나 사탕, 음료수도 모두 정크 푸드지요. 정크 푸드에는 몸에 안 좋은 지방이 많아 우리 몸을 살찌게 하고 두뇌에도 나쁜 영향을 주어요.

 **올바른 식습관은 어떻게 가질 수 있나요?**

올바른 식습관을 갖기 위한 첫 단계는 하루 세 끼를 꼬박꼬박 먹는 거예요. 그럼 군것질을 줄이고 과식을 피할 수 있지요. 또 식사 시간엔 텔레비전을 보거나 딴짓을 하지 말고 식사에 집중해요. 식사를 할 땐 음식을 만들어 준 분께 감사한 마음을 가지고 꼭꼭 잘 씹어 먹도록 해요.

# 오늘의 일기

| 5 | 월 | 20 | 일 | | 수요일 | 날씨 | 맑음 |  |

**제목:** 고루고루 골고루!

오늘도 밥 먹기 싫어서 사탕하고 과자를 먹었다.

이상하게 자꾸 짜증이 나고 수업도 재미없었다.

똥이 안 나와서 똥꼬도 아프고 배도 아팠다.

그러다 결국 쓰러지고 말았다.

선생님은 음식을 골고루 먹지 않고 편식을 해서 그런 거라고 했다.

그래도 채소는 먹기 싫었다.

그런데 꼬마 요리사가 되어 채소 요리를 해 보니까

오잉?! 채소가 맛있었다!

채소를 먹으니까 똥도 잘 누고 기운도 났다. ^^

앞으로 음식을 골고루 먹어서

튼튼하고 멋진 엄지 공주가 될 거다!

손 씻기 **일 년 내내 튼튼**하게 **건강**동화

"안 씻는 게 뭐 어때서?"

### 2권 〈손 씻기〉 편에서는 꼬질이 대마왕 태평이를 만나요.

2학년 2반 태평이는
손 씻는 걸 매우 귀찮아해요.
축구하고, 강아지를 만지고
화장실을 다녀온 뒤에도
절대 손을 씻지 않지요.
꼬질이 태평이, 이대로 괜찮은 걸까요?